別傻了 這才是名古屋

雞翅・赤味噌・戰國三傑…49個不為人知的潛規則

●都會生活研究專案——著
●卓惠娟——譯

NAGOYA
名古屋ルール

序言

中日龍真的很強。

豐田也毫無疑問是世界第一。

實際上，許多人私底下主張日本另有名古屋（人）。

「名古屋人如同美國人或英國人等異族一樣存在著」。

名古屋出生的作家清水義範，他的著作《蕎麥麵與愛知寬扁麵》就有這段記載。

「可以說，名古屋的居民（中略）像其他國家的人一樣特異獨行」。

說到特異獨行，或許有人會聯想到系列作《別傻了，這才是大阪》所介紹的大阪，不過，兩者在「獨立國」方面的表現可說南轅北轍。大阪（人的言行）在日本當中是「突出愛現」的，相反的，名古屋（人）絕不會「愛現」，他們在自己的土地，默默地讚揚自身獨特的文化；雖然在清水義範看來是「優越感與劣等感的一體兩面」……。

二〇〇五年，在名古屋舉行的萬國博覽會（愛知萬博），使名古屋熱在各地延燒。包括獨具特色的名古屋美食、擅長讓自己受到寵愛的名古屋小姐、完全與不景氣無緣的名古屋公司，以及不斷展現佳績的中日龍球隊。

然而，身為當事者的名古屋人，卻對這樣的話題佯做不在意地表示：「這又不值得成為話題～」。表面看起來很冷淡，實際卻以自己的方式努力，將熱烈的鄉土愛隱藏在內心。

如前面說的，名古屋就某種意義而言，根本是「外國」，不過要是抱著名古屋是徹底異於日本而去了解它的想法就大錯特錯了。這一次我們透過各種潛規則的驗證而了解，名古屋其實也有極為「日式」的部分。名古屋人憑著故鄉愛而認為「這裡是日本第一適宜居住的地區」，但很難得到其他區域住民的支持。這可以說是潛意識裡的近親憎惡情結在作祟嗎……？

不過，就如男女間的感情「打是情罵是愛」；愛與恨是表裡兩面。

希望透過本書，讓非名古屋人拋開成見，深入了解他們對鄉土的理解（愛），並且，也希望能有助於名古屋在地人，再次品味靜謐的鄉土情懷。這是本系列出版計劃有志於「日本和平」的願望。

都會生活研究專案代表　大澤玲子

目錄　別傻了　這才是名古屋

購物篇

Nagoya Rules

食物篇

Nagoya Rules

街道篇

Nagoya Rules

詞彙・人際關係篇

Nagoya Rules

番外篇

Nagoya Rules

Nagoya Rules

交通篇

購物篇

食物篇

街道篇

詞彙．人際關係篇

番外篇

潛規則1

車走地上，人走地下

街上竟然如此空蕩蕩……才這麼想，卻發現地下街的人多得令人瞠目結舌！——這是剛到名古屋的人很容易遇到的場景。

「地下街」是名古屋（人）自豪的特產。一九五七年三月，名古屋車站前的名古屋地下街（現在的Sun Road）誕生。這裡可是日本最早的地下街。當時，由於名古屋車站前的交通十分混雜而事故頻仍，所以最初的目的是為緩和交通壅塞及行人的安全，因而建造行人專用道路。結合同年十一月開通的地下鐵計畫，規劃出「車走地上，人走地下」的構想。

實際上，在名古屋「以車代步」是基本原則。「地下鐵費用至少要兩百日圓貴得要命」、「馬路多寬多好開車」、「到哪裡都有停車場超方便」等開車的理由五花八門，不過真正的理由是名古屋人原本就「喜歡開車」。

高中一畢業，就到「汽車學校」（名古屋人對駕訓班的稱呼）練習並考取駕照，在名古屋可說稀鬆平常。很多名古屋人，人生中的第一部車是父母送的——「車子我買給你，所以（不要去東京唸書、工作），待在名古屋！」在名古屋，不是一家一部車，而是一人一部車，一般家庭有三、四輛車完全不值得大驚小怪。

汽車是名古屋人的基本配備，沒車的人反而會受到質疑：「啥米？你沒有車子？」另外請牢記名古屋生活的第一原則——走在路上時，為了避免危險（？）要走地下！

聯誼時，詢問開什麼車是不成文的規定
你們都是開什麼車呢？
啊……我是Corolla。
烏龍茶
我是戶外型的，開豐田陸地巡洋艦
下次大家要不要一起去露營？
我是保時捷
閃亮☆
這個好！
就決定是他了！
我要他！
走吧！
保時捷登山車
這個人……為什麼來聯誼啊？

在東京啊，如果家裡離車站走路超過十五分鐘實在很痛苦。
腳踏車在車站不好停，停車費用也不便宜。
咦？名古屋的話，車站前面一天最多八百日圓就可以停車了耶。
什麼？那不是比東京還貴！
停個腳踏車要八百日圓，怎麼可能！
咦？
啊，抱歉抱歉，我說的是汽車停車費
好便宜！
什麼！！
住在東京和名古屋的人實際發生的對話。
知道名古屋人說到代步工具＝汽車的瞬間

潛規則2

以名古屋瘋狂駕駛為師

Nagoya Rules

在汽車社會……或者該說明明是理當安全成熟的汽車社會，為什麼會有這樣的狀況？

「變換車道卻不打方向燈！」「紅燈了還硬闖過去」等等，名古屋人的駕駛素質風評極差，甚至被外縣市的人揶揄為「名古屋瘋狂駕駛[1]」。

可以作為佐證的是二〇〇六年愛知縣交通事故死亡人數為三百三十八人，連續兩年都是日本的交通安全倒數第一名。

因此，二〇〇七年時名古屋實施「中止倒數第一名，零事故、零違規比賽」。依規定組隊參加，若是能達成一百天零事故、零違規，就能參加最高獎金二十萬日圓的旅遊券抽獎。縣與市竟然做到這種程度！由此可見確實為了洗刷臭名而卯足全力。

道路寬敞據說也是駕駛素質差的原因。

名古屋鬧區「榮」附近的久屋大通、若宮大通，馬路寬度達一百公尺（稱為百米道路），單向各有四線道隆重展開。市區內的主要幹道也多為三線道。

道路寬敞→很少塞車→容易超速→輕易變換車道——這確實和事故的發生有關；但是，遵守限速及燈號反而更危險，甚至會發生紅燈亮起而停車的瞬間，後方的車邊鳴喇叭邊呼嘯而過……非常嚇人！

順便一提，人行道的紅綠燈一開始閃爍便立即發動「名古屋式起步」技巧（？），對名古屋瘋狂駕駛而言也是一種正大光明的行為。

難道名古屋人遵守法令的意識如此薄弱嗎?這倒也不至於。應該說名古屋人十分在意和周遭的人以同樣的速度並駕齊驅。

「大家都在做一樣的事就沒關係吧?」的觀念,就某個層面來說,也是充滿日本人味道的「同儕意識」表現?

無論如何,對外來者而言,「隨波逐流」才是在名古屋道路上的「求生關鍵」。最好先有「名古屋瘋狂駕駛絕不會消失」的心理準備。

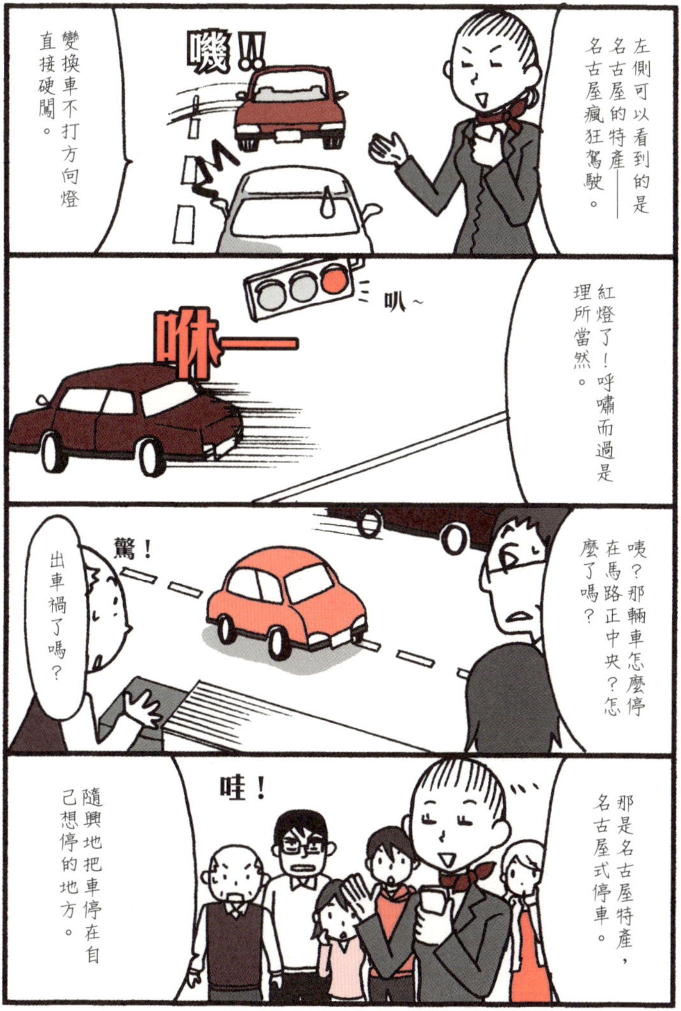
左側可以看到的是名古屋的特產——名古屋瘋狂駕駛。
嘰!!
變換車不打方向燈直接硬闖。
紅燈了!呼嘯而過是理所當然。
叭~
咻——
咦?那輛車怎麼停在馬路正中央?怎麼了嗎?
驚!
出車禍了嗎?
那是名古屋特產,名古屋式停車。
哇!
隨興地把車停在自己想停的地方。

潛規則3

跑步通過行人穿越道，不然就分兩次過馬路

Nagoya Rules

寬闊的馬路完全成就了名古屋的汽車社會，而這其實有它的歷史背景因素。第二次世界大戰空襲時，名古屋一帶遭受轟炸而成荒原。戰爭結束後實施都市計劃，才重新建設出這麼氣派的道路。

單向四線道，中央分隔島還有公園（基本上是作為防災用的避難場所，以及年輕人練習舞蹈或滑板的場地）。在寬闊的馬路上從容開車就算了，行人如果也悠哉地穿過馬路可會很慘。畢竟是要過可能長達一百公尺的行人穿越道，如果動作慢吞吞，還沒到達目的地就轉回紅燈了。事實上，中央分隔島的確能看到過馬路中途進退兩難的行人。

平時走路並不算快的名古屋人，只有在通過行人穿越道時另當別論，非得使出吃奶的力氣全速奔馳（？）才行。

綠燈開始閃爍時才穿過馬路絕對是有勇無謀的行為，不用說，一定要避免。除非你自信是個飛毛腿，否則中途變成紅燈的可能性太高了。

在汽車社會名古屋，行人地位很低，萬一卡在馬路中央而進退兩難，四周將毫不留情地大鳴喇叭，更會被駕駛人咒罵。

要通過行人穿越道，一定要確保時間足夠快步或跑步通過，否則就分成兩次過馬路。視自己的體力先想好計劃再前進！

從東京調職到名古屋。
最近交了一個當地的女朋友。
個性大方，有如小動物般
很可愛的女友。
沒想到
脫
下
啥米？光腳嗎？
快！不快點跑過去會過不了！
咻—
啊！
躂躂
等等我
我還不習慣這一點。

繼續有關從東京調職而來的插曲。
看！快變紅燈了，快點過去！
當地人
不要過去！
等下一次再通過比較好！
什麼嘛！名古屋人不是跑得比誰都快？腦袋別那麼死板板的。
我先過去了。
我女朋友都是用衝的過馬路呀。
啊！
就叫你別過去……會出人命
找死啊！混帳！
NOOOOOO!
叭叭
結果卡在中央

潛規則4

（以前）車庫就在家門前的馬路上！

Nagoya Rules

「我去汽車學校(名古屋人指駕訓班)以後，才知道原來路邊停車違法！」
我曾經親耳聽到名古屋人說出這種令人難以置信的話。
「付錢把車停在停車場」——直到二〇〇六年加強取締違規停車以前，名古屋有付費停車觀念的人仍然很少。就算附近就有投幣式停車格，停車場看板顯示「空」，仍然沒有人想要把車停到那裡。他們的觀念是全世界的道路都是我的停車場。以及我家門前＝我家車庫。基於這樣的默契，左鄰右舍彼此瓜分公共道路停車，有如田園風情般和樂(!?)的景象擴大延展。
二〇〇六年六月，相關單位開始委託民間加強取締，全國警察署中，原本就經常檢舉違規停車案的名古屋中署，指定飲食街的「錦三地區為重點取締區域」，效果顯著。違規停車大量減少，大家再次認識到「名古屋的馬路果然很寬闊！」也多虧如此，停車場生意欣欣向榮。以往根本都沒人會停……。
不愧是汽車社會名古屋。
生命第一，其次重要的是車(!?)。即使失去一切，也不能因為路邊停車被吊扣駕照或讓愛車被拖吊。
由於汽車相關的制度修改，名古屋的街道樣貌幡然一新。
要是這麼一來駕駛素質也跟著提升的話，就太完美了。只不過……

潛規則5

環狀線分為右環線和左環線

Nagoya Rules

汽車社會名古屋在二〇〇四年開通環狀線的地下鐵——名城線，因此即使沒有汽車代步，交通也變得相當方便。

這條地下鐵的表示方式以「右環線（clockwise）」和「左環線（counterclockwise）」來表現。換句話說，其他的日本環狀鐵路都是以「外環線」、「內環線」來表示。以外環線、內環線來表現，是因為電車究竟是右側通行還是左側通行，在解讀上會產生差異，為了避免誤解所以改變稱呼。而且就路線圖來看，也容易憑直覺就能分辨內外。雖然日本其他地區都採取「外環線」、「內環線」的稱呼，不過其實名古屋採用的才是國際標準。

和日本其他都市背道而馳，採用世界標準，可能是基於「國際都市名古屋」的意識，也可以說是從萬國博覽會以後，舉辦了無數的博覽會，促進國際化的自負表現。

另外，名古屋的地下鐵也是日本首次採用環狀線。東京的大江戶線雖然看似環狀線，其實是以都廳站為折返點。以完整的環狀線運行，名古屋是日本最早的。

說起來，名古屋很熱愛「日本首次」。

或許除了名古屋當地人以外幾乎鮮為人知。例如名古屋特產的地下街，無尾熊首次到日本也是在名古屋（照理說名古屋是日本首次，不過也同時登陸東京和鹿兒島，因此名古屋人私下忿恨不已：可惡的澳洲人！）另外，電視塔也是……真要列舉的話簡直沒完沒了（詳情參考第一五六頁）。

不過，容我再囉唆一次，除了名古屋人以外，幾乎沒人知道……

總之，名古屋（人）喜歡新鮮事、愛好異國風情。在講求實際的同時，如同名古屋城金鯱般，閃閃發光、熱愛跟風的靈魂，也棲息在地下鐵中。

Nagoya Rules

交通篇

購物篇

食物篇

街道篇

詞彙、人際關係篇

番外篇

潛規則6

說到關鍵時刻，唯有松坂屋

「不會吧？這裡是松坂屋？」——在東京看多了，總覺得松坂屋土里土氣（真失禮！）的人，來到名古屋的松坂屋總店，可能會大吃一驚。

松坂屋總店座落在名古屋鬧區的「榮」。

這裡分為南館、本館及北館三棟樓層，一踏入就能感受到店裡散發出一股高級感（一再強調好像很囉唆，但這裡確實和東京、上野的松坂屋等級不同）。

GUCCI、香奈兒、Van Cleef & Arpels等世界知名的高級名牌自不用說，味噌烏龍麵「山本屋總本家」、鰻魚蓋飯「熱田蓬萊軒」等在地品牌也齊聚一堂。

雖然附近也有三越等百貨公司，但是，不不不……格局天差地遠。

「放假時，全家或是母女一起去逛松坂屋！」這是名古屋人假日的固定節目。

就算新興勢力高島屋也卯足全力加入戰場，還是難以搖撼重視傳統的名古屋人。

中元節、過年過節或是孩子的入學賀禮等，只要是重大節慶的贈禮，選擇松坂屋就一定沒錯。

其中，年長者格外信賴松坂屋的包裝（年長者都暱稱其為「松坂屋桑」以表示親切）。

就算是相同的商品，在其他店家購買可能會很失禮，所以要特別注意。

名古屋人視為百貨界之王的松坂屋，也有和大丸統合，建立共同品牌的趨勢。

伊勢丹、三越的統合，雖然使松坂屋失去日本最大百貨公司的寶座，不過，在名古屋穩居最高寶座的情勢，短期間應該不會動搖。

我叫高島，和同期的松坂一起被分派到名古屋，
松坂
總覺得松坂受到的待遇比我好。
松坂桑～要吃這個嗎？
因為只有一個，不要跟別人說喔。
啊，謝謝
松坂，我想跟你談一下B公司的估價單
是的。
高島！你聽好，有關給C公司的贈品
啊，是的。
記住！絕對松坂屋!!
絕對不要在跟你名字一樣的地方買！
喔，好……
是我多心嗎？
不，應該不是我多心……

潛規則7

以前是「4M」，現在是「4M1T」

4M指的是前一條規則說明的松坂屋，加上三越、名鐵百貨店、丸榮三家百貨公司的首字形成的總稱[2]。在名古屋擁有壓倒性地位的松坂屋，加上這三家百貨公司，深受當地人喜愛，因而有「購物就到4M」的說法。

不過，二〇〇〇年三月，高島屋（JT／Takashimaya）加入戰場。根據調查，八成的名古屋人雖然之前沒聽過高島屋，開幕當天卻大排長龍，第一年度的營業額，遠超過預定目標的一百億，高達六百億日圓。

名古屋的高島屋特徵，和松坂屋相較之下一目瞭然。簡單說來，就是「原封不動的東京」，看看其中的餐飲店，雖然有好不容易設置的山本屋總本家，其他的全是東京名店，如「天婦羅新宿綱八」、「KIHACHI」、湯品專賣店「Soup Stock Tokyo」，名古屋色彩極淡。整個樓層充滿了悠閒及奢華感，深深扣緊喜愛嘗鮮（喜歡跟風）的名古屋人心理。

不過，和當地血脈相連的名鐵百貨店、丸榮等百貨公司也不甘落後，尤其是一六一五年開業的和服店「丸榮」——原本以為是老店中的老店，卻令人大吃一驚，竟然設有宛如澀谷「109」的品牌，還有辣妹們！為了營業額而力挽狂瀾重新包裝的「YOUNG ZONE」，結果呈現了「突然來到109」的氣象。這也是名古屋吸收新事物的能力，簡直就像海綿一樣。而能擅於依照不同需求來利用這些各富特色的百貨公司，才是道地的名古屋人。

潛規則8

不是「特價」就好，而是要「划算」

Nagoya Rules

精準表現出名古屋人生態的詞彙之一是「划算（／ne-uchi）」。

雖然這個詞在日文也有「打折」的意思，和特價意義相似，不過名古屋人重視的不僅是「便宜」，還重視「有價值」、「能長久使用」……等「買到賺到」的感受，是在廣告中可以頻繁看到的詞彙。

名古屋人喜愛有價值且價格合理的物品＝划算品（也說成「推薦品」）。在不必要的地方莫名其妙花掉錢是最大的禁忌。

雖然遇到婚禮等「重要且該花錢講究門面」的場合會出手闊綽，除此之外則是徹底的能省則省。

有別於東京人在莫名其妙的地方都要講究門面，也和徹底不在乎排場的大阪人大大不同。

即使追求價格合理，卻不像大阪人那樣連日常購物都要殺價。他們只會瞄準標示清楚的折扣商品。

比方說，在老店看到外觀不符標準的點心——「外觀雖然不好看，味道相同」的折扣品，就算辛苦地大排長龍也要買到手的正是名古屋人。

此外，一定要避免衝動購物。

就算再怎麼便宜，也要避免「因貪小便宜而浪費錢」，所以名古屋人對於購物的態度極其慎重。

比方說購買高價的家電用品，先在網路上確認各家商品的評價，再到店舖親自走訪貨比三家，但是只拿回商品目錄而不買。在家裡經過一一比較後，打電話給了解家電的親友，聆聽他們的意見，再度比較思考。

經過這些繁瑣的過程，最後呢？竟然決定不買了！

石橋也要先敲敲看再決定要過還是不過[3]？可能的話，幾乎想自己一塊一塊砌穩再走過去，正是名古屋人的穩紮穩打性格。

名古屋有許多都是沒有負債經營的優良企業，正是基於名古屋人這部分的特質。

你看！這是巧克力之神瑪歌尼尼的限定版巧克力，一個三千日圓！
是使用委內瑞拉產的可可製作的超高級巧克力喲！
一丁點
你是笨蛋嗎？那麼一點點，還沒吃就溶化了！
你看！三千日圓可以買到這麼多！
那種東西只有甜味而已，算什麼巧克力！
吵個沒完
搞什麼，那種一丁點大的東西怎麼能叫巧克力？
○○店裡賣的是用和瑪歌尼尼一樣的材料做成的，味道也一樣，買這個就好了呀！
這才叫做划算！

潛規則9

婚宴回禮&紀念品
都是又厚又重又大

Nagoya Rules

①重。

②又長又大。

③名牌商品。

名古屋的婚宴，饋贈參加賓客的回禮必須具備以上三項條件，才算得上是有禮。

面對送給親戚的贈禮，雖然近年來出現了讓賓客自行根據商品型錄挑選的形式，不過重視分量的新人仍然很多。

品項是另一個重點。

名牌餐具加上鰹魚乾（光是這個就可以大大提升重量及大小！）、菓子、毛巾……等備齊五樣禮品是常識。

因此，在電車上看到參加完婚禮的人，總會發現他們提著驚人的大紙袋。比起婚禮，怎麼搬那些禮品似乎更容易引起騷動。名古屋和其他外縣市的人結婚時，不難想像會為這些事爭吵。尤其結婚對象要是遇到北海道人（採取會費制──參加者的禮金是固定金額，小而輕的回禮是常識），很可能會連親戚一起加入戰場。

講究排場的名古屋魂在「特別場合！」熊熊燃燒。

而他們的作風向來以容易了解的形式來表現。

以特產來說，名古屋特產「外郎餅」（非常重！）能夠維持居高不下的人氣，可能就是「重視重量」所致。

只有在日本製造業集中的名古屋地區（!?），**特產、回禮又厚又重又大才是正確的**。

在這裡「輕巧而不引人注目」，絕對不是一種美德。

新郎
名古屋人
別鬧了!!回禮當然是鰹魚乾、煙灰缸之類的，
總之必須是又重又大的東西才行!!
新娘
北海道人
那種東西只會佔地方!豈不是會給參加婚禮的人帶來麻煩!
回禮就是要輕!又小巧!!
天翻
地覆
兩位請好好地商量，折衷一下……
結果……
厚重～
超巨大盤子（玻璃製）
TEA
這……這也太極端了

潛規則10

穿戴和大家一樣的名牌才安心

Nagoya Rules

名古屋方言中有個「安氣(anki)」的用詞。

原本是「安心」的意思，不過年長者通常會把它視為購物時的重點，例如「松坂屋的話就『安氣』了(=在松坂屋購物才安心、不會出錯)」。

那麼，名古屋人口中的安氣，重要的評判基準是什麼呢？簡單一句話就是「品牌」。松坂屋雖然擁有許多名古屋人自豪的本土品牌，但名古屋女性對於所謂的世界名牌包更無法抗拒。日本女性迷戀名牌在世界排名中可說是名列前茅，而名古屋淑女的名牌購買力更是數一數二。

原因不外乎：「就結果而言，使用壽命長才是合理的」、「年輕女性多住在娘家，能夠動用的購物金錢也多」，其中還有個重要原因，無疑是來自「因為是名牌，所以能夠安心」的安氣精神背景因素。

因此，即使同樣是名牌，也就更容易陷入「正在流行」、「雜誌上介紹過」、「立刻就能看出是名牌」的商品迷思。名古屋人雖然喜歡嘗鮮，要把錢灑在還未確定價值的物品上卻太過冒險，於是會發生大家都拿著相同名牌包的狀況，但他們卻不以為意。

大阪人討厭「撞衫」，一心企圖表現搶眼，名古屋人正好相反。和東京人一樣，名古屋人並不會將「一致」視作「不夠瀟灑」；因為「安氣」才是名古屋流生活的關鍵。

潛規則11

不要的東西都在KOMEHYO轉賣

Nagoya Rules

對於喜愛名牌商品的名古屋女性，名古屋有間能夠巧妙滿足購物與販賣需求的公司，那就是轉賣名牌包及首飾、家電用品等高級二手商品的「KOMEHYO」。KOMEHYO也在東京設置分店，很受到喜愛追求流行的東京人支持。

雖然是二手商品，能夠以便宜的價格買到和新商品一樣的東西就是「划算」。只要是好東西，與其埋沒在倉庫裡沉眠，不如回收再利用才「合理」。這兩個關鍵詞可是在名古屋生活重要的元素。學校裡，時常舉辦義賣會，讓大家交換用不著的物品。就連垃圾分類、資源回收在名古屋也非常興盛。

名古屋市曾於一九九九年發表「垃圾重大事態宣言」。積極進行垃圾減量、提高資源回收率。塑膠製容器、紙製容器也不是只分為可燃、不可燃垃圾，而是視為資源回收。就連非感熱紙的發票也當作廢紙回收。高達十種以上的回收資源分類，讓剛搬到名古屋的外地人吃盡苦頭！

以「成為循環型社會的領先者」為目標，名古屋市已展開熱烈行動（活動宣傳代言角色是「小淳鯱（鯱是名古屋的象徵）」……），不愧是什麼都要搶第一的精神。

名古屋人熱心投入資源回收，不落人後地把「MOTTAINAI[4]！」這個杜絕浪費的精神推廣到世界。在丟掉垃圾以前想一想資源回收，不要弄錯垃圾分類，就能加入名古屋人的行列。

潛規則12

新店開張的花籃是客人的戰利品！

Nagoya Rules

就如先前說的，名古屋的「日本第一」比預料中更多。

例如，日本的肯德基第一號店是在名古屋誕生（只要是名古屋人無人不曉，不過，若不是名古屋人則大多都不知道）。據說是因為「名古屋特產交趾雞＝名古屋人喜歡雞肉」的經營判斷，而在一九七〇年設店。

接著，來說說開幕當天的情況。大批的主婦聚集而來，令人熱切期待銷售盛況。當開店儀式結束，客人竟然跑到一個都不剩。

名古屋的大嬸，隨著開幕慶祝的花被搶完而一哄而散……。肯德基第一號店在接受了名古屋的斯巴達式歡迎後，難道要被迫倒店收場……？

在名古屋，即使開幕當天聚集的大嬸人山人海，店長也未必會開心。因為大嬸的目的不是購物，搞不好連店裡都不會踏進一步，她們相中的目標是花籃上的「花」。

先不管繁華鬧區的情況，在一般街上的咖啡廳，只要一裝飾開幕慶賀的花籃，幾個小時內就只剩花座。一旦看到那些會毫不客氣把花拔走的大嬸，就可以預見這個理所當然的結果。

據說這是因為帶回裝飾的花能帶來好兆頭，因此，即使你不是名古屋人也要有和大嬸展開爭奪戰的覺悟把花帶回家。這才是名古屋流對店家的禮儀（？）。

Nagoya Rules

交通篇

購物篇

食物篇

街道篇

詞彙：人際關係篇

番外篇

潛規則13

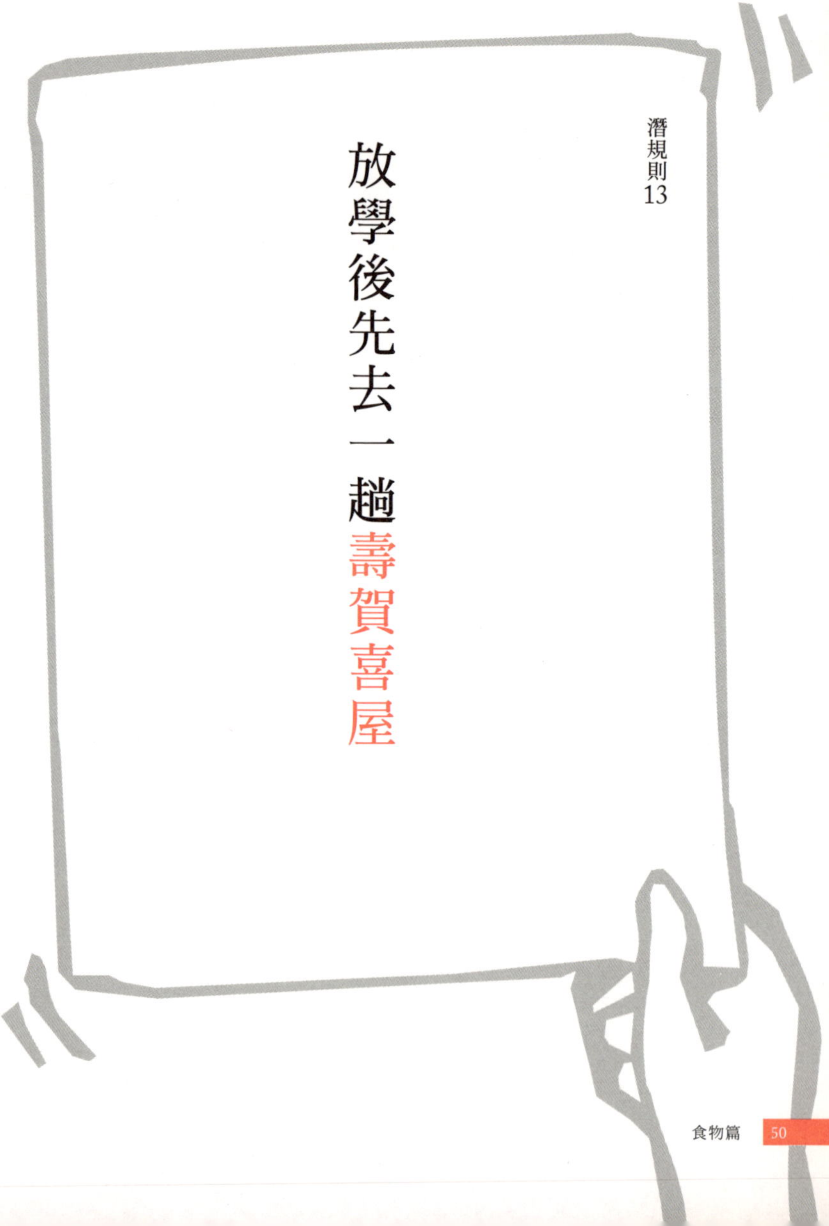

放學後先去一趟壽賀喜屋

店主講究的湯頭加上手打麵條，名古屋「拉麵道」百家爭鳴。不過，也有和專業職人領域截然不同的世界——

那就是名古屋人引以為傲的拉麵連鎖店壽賀喜屋（Sugakiya）。湯頭是溫和的豚骨白湯，麵條則是口感柔軟的雞蛋麵，就如吉祥物「小壽子」給人的感覺，有股慵懶而放鬆的味道。

只要是名古屋或東海地方的人，一定都吃過壽賀喜屋的拉麵。他們受歡迎的秘訣是三百二十日圓的低價（一般的壽賀喜屋，依分店而有價差），是名古屋小孩第一次沒有父母陪同的外食首選店家。

這裡還有備受女性及小孩喜愛的甜點。

其中最受歡迎的是霜淇淋紅豆湯，一般都簡稱為「霜紅（kuri-zen）」。在沁涼的紅豆湯裡面加上霜淇淋，只要兩百日圓左右。先來碗拉麵再以霜淇淋紅豆湯收尾才是道地的吃法！

當然，店家並沒有規定歐吉桑不能光顧，所以不用擔心（雖然以前曾有限女性顧客的壽賀喜屋……）就算是歐吉桑，吃完拉麵也要來一客霜淇淋才對！

但有件事要先說明，壽賀喜屋迷，不用筷子吃拉麵。

在壽賀喜屋吃拉麵時，附的是拉麵叉——尖端是叉子形狀，連接著像湯匙的構造，同時具備叉子與湯匙的功能。一般都是先用叉子把麵條叉起來，同時利用湯匙構造食用麵湯。

說真心話，這其實有一點(正確地說，非常)不容易使用。真要說起來，連名古屋人大多也都用筷子……。

不過到了二〇〇七年，經過多年準備，終於改良成更容易使用的「新拉麵叉」。成為壽賀喜屋迷之間的話題。

這也是響應「不該用免洗筷！」的呼籲，重視環保問題的作法。

對於秉持「杜絕浪費」精神的名古屋人，這次真的會堅持使用這個道具了吧?!

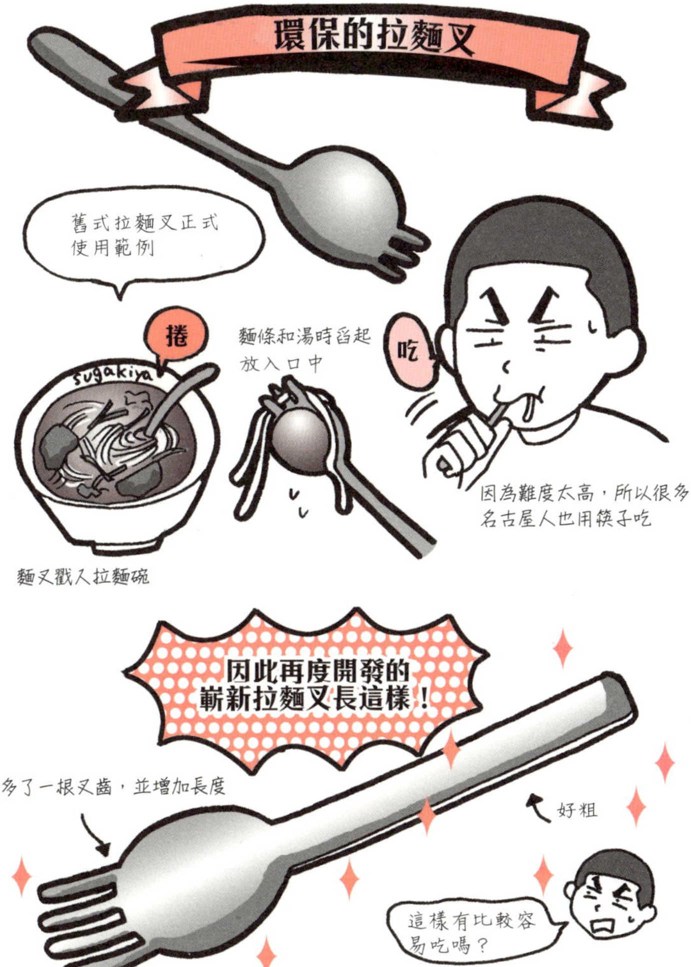
環保的拉麵叉
舊式拉麵叉正式使用範例
捲
sugakiya
麵條和湯時舀起放入口中
吃
因為難度太高，所以很多名古屋人也用筷子吃
麵叉戳入拉麵碗
因此再度開發的嶄新拉麵叉長這樣！
多了一根叉齒，並增加長度
好粗
這樣有比較容易吃嗎？

潛規則14

要用就用赤味噌

Nagoya Rules

「為什麼味噌湯是白色的～！」

「這麼紅的味噌湯怎麼喝！」

當名古屋人遇上長野縣人或京都人，這樣的婚姻組合，可能會因為老家的味噌口味而發生戰爭……。

沒錯。名古屋食物＝味噌口味的印象深植人心，不過認為有味噌就好，可就大錯特錯了。在名古屋說到味噌，絕對是指赤味噌，他們無法接受白味噌（信州味噌或西京味噌）。

不，更正確的說不是紅色或白色的問題，而是原料的根本不同。

幾乎可說遍及全國的白味噌，是在黃豆裡加入米麴。米麴量越多，顏色就越白，京都的西京味噌就是典型代表。

在仙台普及的仙台味噌也是赤味噌的一種，同樣使用米麴，不過熟成期不同。在九州普及的田舍味噌則是以麥麴代替米麴。

再來說到名古屋的味噌。是真正的赤味噌（八丁味噌），沒有其他添加物，而是百分之百的黃豆製成。

現在雖然也有混入米味噌的「紅高湯味噌」，不過主要材料仍是黃豆。理由是：這才是正統的味噌！

不過，相較於信州味噌遍及全國，為什麼名古屋味噌無法普及到日本其他地區呢？
根據中日新聞發行的《名古屋全書》，解開了名古屋（尾張）出身的德川家康在取得天下之際，沒有讓名古屋的黃豆（赤）味噌普及的謎題。

其中一個原因據推測是黃豆（赤）味噌（八丁味噌）因為沒有使用米麴，所以必須花費更長的時間製造。換句話說，大量生產有困難。因此，使用麴菌的味噌反而比原始的黃豆味噌更能普及全國。

另外，黃豆（赤）味噌和其他味噌不同的地方，就是煮得再久，香氣也不會散發不見。

一般味噌煮到沸騰時風味會變差，純黃豆味噌卻能耐高溫。味噌烏龍麵或味噌醬汁能在名古屋強烈受到喜愛就是這個因素。

濃而紅的湯汁，乍看之下可能會令人以為「很辣」而退避三舍，但是其實味道很溫和。因為「紅通通」正是黃豆精華的象徵。外縣市的人也不要連吃都沒吃過就排斥，不妨試試正統的赤味噌吧！

晶瑩剔透
多虧米麴，我的皮膚才能這麼白嫩嫩
呵呵
西京小姐，不是白就好了。
像我這樣的麥牙色才健康，對身體又好喔。
唉呀！仙台小姐不是因為上了年紀嗎？
說什麼瘋話！
冒火
對了，八丁小姐你的臉怎麼紅通通……是用了什麼呀？
總覺得你好像紅到洗不掉了。
我什麼都沒用啊，100%純天然
閃亮
閃亮
我沒化妝耶
咦？怎麼覺得輸了

潛規則15

關東煮沾味噌，
中華涼麵沾美奶滋

Nagoya Rules

「要味噌還是黃芥末？」

關東煮是便利商店的冬季經典商品。要是在名古屋買關東煮，店員如前述問句問你，可千萬別懷疑。

關東煮當然是味噌口味！愛好味噌的名古屋人堅持關東煮＝味噌風味。因此，當他們走進外縣市的關東煮店家，不免大吃一驚。對名古屋人而言，味噌關東煮才是「真正的關東煮」（關東煮在日本一般稱為「おでん（oden）」，只有關東地區的才被稱為關東煮）。

名古屋的關東煮，有的是以味噌調味燉煮，也有像便利商店一樣，要吃才沾味噌醬。便利商店除了黃芥末醬包，也一定會準備味噌醬包。在東京的便利商店購買關東煮的名古屋人，可能會在店裡拚命找味噌醬包，或是問店員：「味噌醬包放在哪裡？」

接下來換個話題，談談夏天登場的中華涼麵。名古屋人吃中華涼麵的必備配料是美奶滋。許多名古屋人到其他地方，多會因中華涼麵竟然沒有附美奶滋而大受打擊。

結論：招待名古屋人的關東煮聚會，必須準備味噌。同時，若是有中華涼麵則不要忘了美奶滋。

潛規則16

沾醬用的味噌是重要必備品

Nagoya Rules

遷居到外縣市的名古屋人，初到超市的味噌賣場大概都會有過一次困惑的經驗——「怎麼沒有『料理味噌沾醬味噌』！」

是的，名古屋人家庭必備的塑膠瓶包裝——「調理用兼沾醬用」的味噌，它的命名直接採用「料理味噌沾醬味噌[5]」。

唸起來有如繞口令般，其製造公司是當地有名的中茂股份有限公司。該公司另外還生產了帶便當時使用的「料理味噌沾醬味噌隨身包」。名古屋的超市，也販售其他公司的塑膠瓶裝赤味噌，可以說是主角級的必備產品。

味噌當然就是要赤味噌！對名古屋人而言，這是富層次感的甜味與從小熟悉的口味。

另外，不論是炸豬排還是關東煮，適當地加一點美奶滋，就完成了道地的名古屋美食！

若加在涼拌豆腐或生菜，使用方法就如同醬油或其他淋醬一樣。

美乃滋不只是料理沾醬，也可以在炒菜時加入，或是作為火鍋料理的調味，運用方法百百種，直接在用餐時放在桌上，依照個人喜好隨時添加是最道地的使用方式。

隨著名古屋熱的推波助瀾，以及住在外縣市的名古屋人的需求，目前「料理味噌沾醬味噌」在名古屋以外的地區也逐漸擴大銷售，不過還不到隨處可見的程度。要是看見什麼地方有賣「料理味噌沾醬味噌」，送給住在外縣市的名古屋人當禮物，對方一定會很感謝你的。

潛規則17

台灣拉麵並不是台灣名產

Nagoya Rules

名古屋有一項特產叫「台灣拉麵」。聽到這件事，不明就裡的人或許會陷入混亂。

「為什麼？名古屋賣台灣拉麵？」

任你想破頭也想不透其中道理，所以勸你趁早放棄。

這項特展的發祥地是名古屋的中華料理店「味仙」。一九七一年時，出生於台灣的店主把台灣的擔仔麵稍加變化，當作員工料理，沒想到後來列入菜單，大受好評且形成熱潮。辣味噌口味的肉末、韮菜則是大受歡迎的致勝關鍵。

而後，以台灣拉麵當招牌的店家也急速增加。據說半數以上的名古屋拉麵店都提供台灣拉麵。

說到名古屋的拉麵代表，當然是壽賀喜屋及雙璧。

其命名緣由據說是由「台灣人製作的拉麵」而來。台灣料理加以變化就成了名古屋特產？令人很想這麼吐嘈。不過濃郁的味噌口味正好挑動名古屋人的味蕾，對這個口味上癮，以致每隔一段時間不來個一碗不行的名古屋人也大有人在。

不過，真正的台灣人大概未必知道名古屋有這種國民食物吧？

這是連台灣人也嘖嘖稱奇的名古屋特產。不知道就外行了。

潛規則18

不說拿波里義大利麵，而是說義大利麵

Nagoya Rules

說完台灣接下來談談義大利……話雖如此，仍是有關名古屋美食的話題。

在鐵板上先打一顆半熟蛋，再盛上蕃茄口味的義大利麵（其實就是拿波里義大利麵，添上紅色的德式香腸及青椒）。這道料理在名古屋叫做「義大利麵」（或叫做鐵板義大利麵），是咖啡店必備的菜單。特色是和半熟蛋拌在一起食用的義大利麵條，口感意外地柔滑美味。其發祥於名古屋市老舖「YUKI」，據說是老闆到義大利旅行時而有的靈感。雖然命名「義大利麵」，不過就和台灣人不知道名古屋的台灣拉麵一樣，義大利人應該會為此料理感到吃驚。

名古屋還有其他幾種饒富特色的義大利麵，例如「義大利燴麵」，極粗的麵條淋上口味濃郁的香辛料芡汁。根據元祖店「橫井（YOKOI）」所寫的菜單配方，其醬汁是把洋蔥炒到金黃後，加入蔬菜及數種香辛料熬煮一個月，再加上肉及蕃茄而製成。醬汁雖然都相同，配料則有多重選擇——「ミラカン（mira-kan）」（培根、火腿、德國香腸、蘑菇、青椒、洋蔥）、「カントリー（kan-tori）」（青椒、洋蔥、蘑菇、蕃茄）等是菜單上固定的料理。

不過，為什麼會命名為「mira-kan」？「kan-tori」？語源究竟是什麼？

這裡還可以依個人喜好選擇加上荷包蛋、炸雞、炸白魚等。炸雞加在「mira-kan」？已經搞不清楚究竟是在吃什麼料理了。順便一提，不論是義大利菜或是義大利燴麵，多數名古屋人都認為這是「日本標準菜單」。真想拜託名古屋人想一想，這怎麼可能！

潛規則19

星期六全家先吃頓「豪華早餐」

Nagoya Rules

星期六日的早上，全家一起出門！第一個目的地不是主題樂園也不是兜風，而是咖啡店。全家一起外出吃早餐，這是名古屋家庭週末一定得安排的節目。

雖說是早餐，但是和東京一般的早餐組合不同。正確說來，只要點了咖啡，就會附有奶油吐司、麵包、蛋和沙拉。

不需要再花費額外的套餐費用，只需一杯咖啡的價格就能享用豪華早餐，是非常划算的消費。

順便一提，吐司送來時都已經抹上奶油了，所以節食的人點餐時必須先聲明：「咖啡，去奶油」（吐司不要塗奶油）。

如果不擅長自行在家烤吐司與做沙拉，在外面吃更便宜，所以咖啡廳簡直是凡事講究「划算」的名古屋人的天堂！

當然，這也不限於週末假日，把它當作清晨上班前日課的上班族不在少數，所以這裡的早餐競爭十分激烈。有些地方甚至提供自助式的麵包或三明治、蛋等吃到飽的服務，大約也是一杯咖啡四百日圓就可飽足一餐。

到了名古屋市外，也有一大早就供應壽司、義大利麵、甜點等有如大飯店豪華早餐般的咖啡廳，因此有些家庭會特地開車出遠門去享用早餐。

名古屋對於早餐所費的心思，真的很驚人。

還有從早到晚一整天都供應早餐的咖啡廳。做到這個程度，實在已經不知道他們究竟要提供什麼樣的服務。

名古屋人的精力可說來自營養充足的早餐。

可別輕易說出「早上想睡飽一點，早餐不吃了」，在名古屋就要好好享用一頓豐富的「早餐」才行。

一早從東京趕來，辛苦你了。
先到附近的咖啡廳一起吃早餐吧？
好啊！
咕嚕.咕嚕
兩位要什麼？
兩杯咖啡。
咦？不點其他吃的嗎？
堆積
如山
一大堆
哇！從哪裡拿來的？
你不喜歡麵包嗎？
這家店的麵包很好吃喔！
嚼嚼
嚼嚼
嚼嚼
也有水煮蛋
咦？什麼？麵包不用另外付錢！
規則要告訴我嘛！

潛規則20

咖啡附零食！

Nagoya Rules

到了居酒屋，先來杯啤酒加小菜！

在名古屋的咖啡廳也可以體會到這樣的服務。在名古屋的咖啡廳點了飲料後，店員會送上小包裝的花生、年輪蛋糕等小點心。不需要慌張地拒絕：「我沒點這個！」這些是點飲料時附的服務。當然都是免費的。

點心的種類隨著不同店家而各有差異。通常是花生或米果類的小點心，裝在小碟子裡，讓人可以一面飲用咖啡，一面嚼著點心。有些店家則是提供廉價但口感還不錯的小蛋糕。因為多數都是個別的小包裝，如果不吃也可以帶回家。

因此，許多名古屋人的包包或口袋，常塞滿了在店裡沒吃的小包點心。

時尚的咖啡廳和花生雖然似乎不太搭調，不過，若是在名古屋經營很久的老咖啡廳就一點也不衝突。

不需要特別拘謹，放鬆心情嚼嚼花生，就像處在自己第二個家的感覺，這才是名古屋流的道地咖啡廳時光。

潛規則21

味噌烏龍麵就是要彈牙！

Nagoya Rules

聞名全國的名古屋特產味噌烏龍麵，原本是東海地方家家戶戶都有的家庭料理。這道家庭的味道，據說是由一九二五年創業的山本屋總本家創生的名古屋的特產。在名古屋另有一家是山本屋本店的味噌烏龍麵，兩家形成雙雄鼎立的情況。

順帶一提，雖然兩家店都叫「山本」，但彼此之間沒有任何關係。因此，兩家店舖都出示了「店名容易混淆請注意」的提醒告示，宣告著無聲的競爭火花。

兩家店舖都各有愛好者，共通點是以下四項：

①麵條原料只有麵粉和水（不加鹽）。以略硬的口感或接近半熟狀態食用。

②使用赤味噌（八丁味噌）和白味噌的招牌味噌＋獨創高湯。

③以土鍋煮滾熱騰騰上桌。為了避免燙傷，把鍋蓋當作餐碟使用（因此鍋蓋沒有透氣孔）。

④很多人點菜時也會點白飯，等麵吃完後再將白飯倒入麵湯食用。

尤其重要的是①麵條的硬度。吃起來覺得「還沒煮好嘛！……」的狀態才是正確的。要是向店家抱怨，馬上就會被發現是初次到名古屋的菜鳥。在日本最早掌握「麵條就要『Al Dente[6]』」風格的就是名古屋人。果然，這個也是日本第一……!?

潛規則22

精通雞翅的正確吃法

Nagoya Rules

「眼前堆積如山的雞翅，雖然是平時常見的雞翅，不知為什麼這一天看來卻不一樣」——名古屋炸雞翅元祖店「風來坊」的官網，描述了一段該公司社長創作這道料理的逸事。是要丟掉呢？還是用來熬煮高湯？

原本毫不起眼的雞翅卻成了主角，是名古屋任何一家居酒屋都有的特色料理。有名的店舖除了「風來坊」，還有積極擴展到關東的「世界的山將」。「世界的山將」以香辛料調味，適合年輕的客群，演藝圈人士造訪的比例也相當高。「風來坊」則是甜中帶辣的口味，店內的氣氛也較沉穩成熟。

接下來要說雞翅了。看了兩家店的官網，都寫著享用美味雞翅的訣竅。風來坊甚至多達四種。

大致來說，是要取出雞骨，還是含在口中吸吮雞骨(不取出雞骨)的差異，並附有照片及插圖詳盡解說。

是的，其他外縣市的人對雞翅多半存有「不容易吃」、「肉少」等印象。也可以看到有人只是稍微吸吮，雞骨上還殘留著肉就不吃了。

不過，要是同桌有名古屋人在場，一定會被他們臭罵一頓。

吃光的盤子裡，連一片肉都沒剩，只有雞骨堆起來的狀態才內行。

說起來連雞翅都沒辦法吃乾淨，根本沒資格當名古屋人。

「世界的山將」所準備的筷袋上寫有雞翅食用的方法，剛到名古屋的人可以邊看邊學怎麼食用。

和重要的名古屋客戶去吃雞翅時，不妨事先參考一下各家店鋪的官網。為了把生意談成，先練習怎麼吃再去洽談比較妥當……或許吧(!?)

Nagoya Rules

交通篇

購物篇

食物篇

街道篇

詞彙．人際關係篇

番外篇

潛規則23

住家附近有三家以上的咖啡店

去拜訪名古屋人時，有時主人會說：「機會難得，我們去哪裡走走吧！」而被帶往其他場所。明明剛到對方家，是要去哪裡？才這麼一想，竟然就到了咖啡廳。難道是在對方家會給對方添麻煩嗎？你不需要猜疑，就如先前說明過的，單純是因為咖啡廳是第二個家，這是名古屋流的待客之道。另外，談生意而到公司拜訪時，也常會前往附近的咖啡廳。不光是把酒（咖啡）言歡，在咖啡廳建立交情的話，也能使生意談得更順利。

好了，說到名古屋主要的咖啡廳雙巨頭，是「コメダ（KOMEDA）咖啡館」、「KONPARU（コンパル）」。不論走在哪一條路上或地下街，必定有其中一家店存在。此外也有其他令人驚喜大呼：「居然開在這種地方！」的咖啡廳。根據名古屋市的統計資料顯示（二〇〇四年），咖啡廳佔了餐飲店的百分之三十八點七，幾乎位居日本第一（主要十四個都市比較結果）。

菜單及甜點豐富多樣也是一大特徵。「KOMEDA」特有的「Shironoir（シロノワール）」，是在圓形（熱呼呼！）的丹麥麵包上，加上（冰涼的！）冰淇淋，食用時再淋上楓糖。雖然巨大又甜得要命（也有迷你尺寸登場！），能夠完食才是真正的名古屋人。不只「KOMEDA」與「KONPARU」，名古屋人總還有幾間經常光顧的咖啡廳口袋名單，並且隨身帶著咖啡券[7]。一旦變成常客，不是可以在店鋪寄酒，而是可以持有咖啡券。如果能在各町擁有三家以上常去的咖啡廳券，就可以說是合格的名古屋人了。

潛規則24

在地下街也不會迷路

Nagoya Rules

和咖啡廳並駕齊驅的特產——「地下街」。

以名古屋車站前和「榮」為中心擴展開來，延伸出的面積約達十七萬平方公尺。雖然面積僅次於東京、大阪的中心都會區，位居全國第三，但地上交通及功能性卻無法與其他城市相比。

有別於都市計畫中條理井然的地上區域規劃，名古屋的地下街連綿彎曲宛如迷宮。店鋪及道路的建造也缺乏秩序（非棋盤狀，而是突兀彎曲的），很有可能怎麼走都難以到達目的地。

剛到名古屋的人要是漫不經心走在地下街，一定會因為迷路而欲哭無淚！這時候最好請名古屋人帶路比較安全（雖然偶爾也有當地居民迷路……）。

順帶一提，地下街不愧是名古屋人引以為傲的產物，竟然還有「名古屋地下街之歌」。那是地下街啟用的隔年，一九七六年所製作的吉祥物「地下將（chika-chan）」的歌曲（順便一提，因為是地下，所以叫做地下將；又因為在地底下，所以吉祥物是鼴鼠）。這首歌分為三段，每一段都是以「名古屋地下街是第一」收尾（事實上名古屋人也確實對日本第一有偏好）。

要是能夠在「日本第一」、「日本最早」的名古屋地下街來去自如，名古屋通的程度可以說大大提升了吧！

潛規則25

被問到出生地，不說「愛知」，而是回答「名古屋」

Nagoya Rules

「在名古屋附近。」

「就在和名古屋差不多的地方。」

——詢問住在名古屋市外的愛知縣人出生地時，常會聽到上述回答。

相對的，名古屋人絕對不會回答「愛知縣」，而是會說「名古屋（或者是名古屋市內）」。

在名古屋，市內及市外的區隔涇渭分明。

同時也是都會區或鄉下的楚河漢界。

那麼，為什麼不回答愛知呢？

這是因為和名古屋的知名度相較之下，愛知縣的知名度出乎意料外的低。

不僅會被吐嘈：「愛知？在哪裡？」甚至還很容易被誤以為是「愛媛」。於是不知不覺中將「愛知」一詞封印，正是名古屋人的特色。

說起來，只要對方不詢問，名古屋人就不會特意表明自己是名古屋人。而且，也很少對名古屋的出色之處高談闊論。

「名古屋是個適宜居住的好地方」他們僅只是這樣說，但其實名古屋人對故鄉的愛比其他縣市的人可是多出一倍。

不過，總覺得這樣實在過度謙遜了。

處。

或許，這和日本人無法洋洋得意地向外國人誇耀：「日本最棒了！」的性格也有相通之處。

對於被問到出生地而顯得尷尬的名古屋人，不要進一步吐嘈，反而可以聊聊「日本第一」及「日本最早」的話題，讓對方有台階下，是身為日本人應俱備的禮儀常識。

※公司迎新會
我出生及成長都在步調緊湊的東京。是東京都民。
說實話，東京人說話沒笑點，我實在沒輒。
欸！
啊，不用說也知道，你一看就是關西人！
大阪府民！
你呢？
啊，我是名古屋人。
啊啊！你是名古屋人？
名古屋人果然還是喜歡味噌烏龍麵和雞翅對吧？
……

潛規則26

能明確區分三河、尾張。
三河不在名古屋

Nagoya Rules

名古屋人有喜歡將「三河」與「名古屋」區隔開來的傾向。相反的，三河的人雖然也有像前一項潛規則說的那樣「偽裝成名古屋人」，但也有人毫不掩飾地表現出「不想和名古屋人相提並論」的敵意。

明明同屬愛知縣，這究竟是怎麼回事呢？

愛知縣原本分為尾張國和三河國。尾張國在愛知縣西部；中間是縣廳所在地的名古屋市；三河國則在愛知縣東部，豐橋市及岡崎市等都在這裡，豐田汽車所在位置也是三河圈境內。就如上一項潛規則說明的，對名古屋人而言，名古屋只限於名古屋市內，而一般人認為尾張屬於「名古屋圈」。相對的，三河不管是歷史、文化或方言都與之大不相同，所以被劃分在名古屋之外。

因此，「名古屋(尾張)VS三河」之間產生了許多檯面下的爭論：「三河腔很怪」、「不，名古屋腔比較土」、「明明只有豐田汽車，跩什麼跩？」

對於其他外縣市的人而言，愛知＝同是名古屋圈的概念吧？無法區分三河及尾張的人本來就很多，既然是同一個縣的人，別斤斤計較啦……

但畢竟歷史淵源難以撼動。交談時若出現「三河」、「尾張」等詞彙時，千萬要注意。

潛規則27

說到阿美橫就是大須

Nagoya Rules

一旦說到阿美橫，多數人想到的是東京上野的阿美橫，那裡知名度可說相當高。然而，在名古屋一說到阿美橫，則是位於大須的綜合商城（過去曾針對「正宗阿美橫」的名稱而與上野有過爭論），這裡以銷售電腦或電腦零件的店鋪為中心，也有販售服飾及雜貨的店鋪進駐。

大須原本是以大須觀音為中心而繁榮的門前町[8]，現在則是以家電用品街而聞名，和東京秋葉原、大阪日本橋，並列為日本三大電器用品街。雖然名古屋車站、「榮」的「BIC CAMERA」、山田電器的氣勢排山倒海而來，但對於追求超便宜家電的御宅族，這裡的人氣與地位仍然難以撼動。

事實上秋葉原廣受歡迎的女僕餐廳的「招呼語」（「主人，您回來了」等歡迎台詞），以及罐頭關東煮也都是起源於大須。日本最初的御宅文化是在這裡奠基發揚。

另外，二手服飾店及當鋪多也是一大特徵，二手商品店「KOMEHYO」也在這裡設有分店，是個五花八門的區域，十分熱鬧。

在名古屋經常可以看到「hichiya」的招牌。大須也不例外，這其實就是當鋪。名古屋在古代把數字的七念成「hichi[9]」，現在也仍有人把七五三說成「hichi-go-san」。

將「shi」讀成「hi」，是名古屋的方言特色，同時也是關西方言的規則。

看來有如關東關西文化的混合體，似乎也可說是名古屋城的特徵。

潛規則28

熟悉名古屋的姊妹市

Nagoya Rules

作為日本的中心，深具國際都市意識的名古屋，和國際間的姊妹都市交流極為密切。從一九五九年和洛杉磯締結姊妹市開始，陸續與墨西哥市、南京、雪梨結為姊妹市，二〇〇五年姊妹市名單再增添了義大利的杜林。

從電視塔到名古屋市的都心，延伸至「榮」的久屋大通公園，有記念締結姊妹市的洛杉磯廣場、墨西哥廣場、南京廣場及雪梨廣場，展示著由各個城市致贈的「洛杉磯之石」（一億八千年前的東西！）、墨西哥的「太陽石」等。

一般人可能會認為姊妹市並不是很重要，但名古屋人對於姊妹市的認識程度意外地高。這是因為在名古屋，從小孩幼年時期就徹底灌輸姊妹市的存在，比方說「與墨西哥市締結姊妹市的記念日，學校的營養午餐供應墨西哥夾餅」（！）等等。

其他還有榮町商店街和法國蒙田大街締結友好關係等自主的交流。榮町和蒙田大街……（究竟有什麼關係哩）？

順帶一提，蒙田大街的咖啡店有名古屋自豪的小倉紅豆三明治，而在杜林，Q彈的味噌烏龍麵極受歡迎。

……該不會目標是讓全世界名古屋化吧？真相如何雖然並不清楚，但將觸手伸往世界各個角落的名古屋全球化大作戰，現在似乎仍在進行中。

Nagoya Rules

交通篇

購物篇

食物篇

街道篇

詞彙．人際關係篇

番外篇

潛規則29

女性以SSK為目標

純金、十八K金、鍍金——這裡說的並不是飾品的話題。

「SSK」指的是：

- 淑德（syuku-toku／愛知淑德）＝S
- 椙山（sugi-yama／椙山女學園）＝S
- 金城（kin-jou／金城學園）＝K

取這三個地方的首字連綴而成SSK，指的是名古屋三大貴族女校。

這三所學校從初中到大學都採取直升制度，其中「含金量（好野人程度）」最高的金城，將學生分為三級：從初中就入學的人＝純金；高中開始入學者＝十八K金；大學才入學者＝鍍金。

換句話說，從初中開始的入學者層級最高。

以東京來說，就如同慶應或學習院「從幼稚園開始直升＝純正富家少爺或千金」的道理。以純金、K金來譬喻就像金鯱是名古屋特產般理所當然，但話說回來，金鯱也不過是鍍金……

金城學院的位置，位在名古屋高級住宅區的白壁。

曾有一段時期，住在東京白金的名媛被稱為白金貴婦而蔚為話題；在白壁也可以看到

「白壁貴婦」帶狗散步的景象。

巨大的豪宅、日本料理店、時尚咖啡廳林立的街道，貴族少女的校園靜靜佇立一旁。

順便一提，該校的校慶入場券，不是黃金，而是「白金入場券」，也是名古屋少年憧憬入手的物品。

「其實，我是純金的」（令人甘拜下風的自我介紹……）要是有這樣的女性出現，絕對是個豪門富家女，與她交往可以少奮鬥幾年？

鍍金
24
18
1
2
3

潛規則30

不是罵「笨蛋」、「傻瓜」，而是罵「蠢貨！」、「你個蠢蛋！」

被罵「蠢貨（tawake）」這句時代劇才會出現的台詞，令人忍不住要作五體投地貌的回答：「是，小的錯了」，但在名古屋，卻是平日司空見慣的用語。

正確的發音是「taakee！」

父母罵孩子，或是嘲笑闖了禍的朋友時使用。就像東京的「笨蛋（baka）」，大阪的「傻瓜（aho）」一樣的用法。

有關「蠢貨（tawake）」的語源有兩種說法。

一是來自「分田地／田分け／tawake」。古時候一個家族把固定數量的田地，平均分給子女，後來子女長大了，也學他們的父親，再把田地分給子女，結果田地愈分愈少，最後整個家族因而家道中落，所以後人將愚蠢的行為說成「tawake」。

另一個說法則是來自「戲け／tawake」，這個字原本就有笨蛋、做蠢事的意思。

還有一個常用揶揄他人的詞彙是「torokusai[10]（遲鈍）」有罵人反應慢半拍的意思，比方說罵人「torokusa～！」

要是被名古屋人突然大喝：「蠢蛋！」外縣市的人可能會嚇得不知所措吧？其實，這沒有那麼嚴重啦。這可能只是對方想要主導或牽制交談內容的意思（當然，不需要真的五體投地）。而且這也可以當作與名古屋人交情好的證據

潛規則31

不會滿嘴「嘛喂～」

Nagoya Rules

「說話時語尾不會加上『嘛喂（myaamyaa）』嗎？」

名古屋人對於這個疑問已經很厭煩了。

「你嘛喂[11]（omyaa）」「一起去嘛喂[12]（ikomyaa）」，除了年長的人，幾乎沒在使用。不懂裝懂地亂用「嘛喂」，就算是超有耐性的名古屋人可能也會覺得不悅。

初學名古屋腔較容易學會的語尾是「～dagane（～dagaya）」。

標準語說的「～dane（～對吧）」當中加上「ga」，就完全像名古屋腔了。年輕人則多數說成「～gaa」、「～gan」。

不久前還有人會在語尾加上「～namo」，現在則完全沒人這麼說了。這原本是上町用詞，多在名古屋城附近使用，是日本三大典雅方言之一（另外兩種為京都方言及大阪的船場方言）。

現在的名古屋方言濁音較重，稍微給人嚴厲的印象，這原本來自下町用詞。

順帶一提，和名古屋方言涇渭分明的三河方言語尾特色則是「jandararin」。

「～jan（對吧）」（和東京人使用的場合相同，也有三河人因為創立江戶幕府，因而傳到橫濱、東京的說法）。「～dara（a）」（＝～dayone／就是啊）、「～rin」（＝做～嘛／sinayo的輕微命令。做嘛／shirin＝yarinayo；看嘛／mirin＝minayo）。

此外，名古屋方言的另一特徵是獨特的重音。

其發音要訣是比標準音往後挪一個音節。

例如「arigatou（謝謝）」，標準語重音在「ri」，名古屋方言則是在「ga」。

名古屋聞名的「炸蝦／ebifurai（名古屋人說成ebifuryaa）」，重音同樣是在「fu」。不過「咖哩／karee」因為重音落在第一音節，所以和「鰈魚／karei」無法區分。

更令其他外縣市人覺得害怕的是名古屋人反問的時候。

「什麼？」、「誰？」、「哪裡？」用名古屋式發音，重音全落在第二音節，尾音拉長變成「什麼／nanii——？」、「誰／daree——？」、「哪裡／doko——？」

因為聽起來很不友善，聽到時難免因而退避三舍，「不，沒……沒什麼」。其實對方並不是生氣。

微妙的重音對名古屋新手而言，非常難以辨別。

因此，還請多多聆聽名古屋人的對話，加油啾～（名古屋風）

在名古屋交往的女友再度登場
今天要做漢堡排
個性大方，有如小動物般可愛的女友。
不過，
跟妳說，這家餐廳啊……
GUIDE
你說
轉
頭
什麼——!?
啊，不，沒什麼。
一驚
心頭
GUIDE
咦？你真怪
我還沒習慣名古屋方言。

潛規則32

桌子用釣的，錢要用破壞的?!

Nagoya Rules

繼續上一項規則，還有其他令人訝異的名古屋方言表現。

①「釣一下桌子[13]！」（↑什麼！要怎麼釣？）

其實是搬一下桌子的意思，在學校打掃等場合經常使用。

②「把錢破壞一下[14]！」（↑這又是什麼！怎麼破壞？）

這是兌換的意思。據說名古屋的兌換機器稱為破壞機（才怪！）

③「洗澡水像小雞雞[15]！」（↑我無言了……）

這其實是指洗澡水非常燙。順便一提，女性也會這麼說。

這大概是名古屋三大令人驚奇的用語。

其他還有「你很跩嘛[16]！」被名古屋人這麼說時，也沒有必要膽戰心驚，這裡的「跩＝疲倦」的意思。

另外，名古屋人也常使用獨特的疊字用法。

- 「syabisyabi（水水的）」（水分多很薄很淡）。
- 「tokintokin（尖尖的）」指鉛筆尖端很銳利的樣子。

另外，把「mo」說成「ma」也是一大特色。

- 「motto（更～）」說成「matto」（在學校有時會以這個特色開些無聊的玩笑，如「惦惦多拿點墊墊來[17]」）。

- 「mappen」= 再一次。

最後，說明一下經常使用的客氣用語。

打電話時，聽到對方說：「有沒有看到○○[18]？」慌慌張張地四下尋找是名古屋初學者會犯的錯誤。

這句話是指「○○在嗎？」的意思。另外，「啊，看到了嗎？[19]」則是「原來你在呀」，也是常用的說法。

順帶一提，多數名古屋人傾向不對外縣市的人說出名古屋腔，一旦重音微妙的差異被指出時，就會有點不知所措……。

名古屋腔初學者硬要使用似是而非的名古屋腔會被討厭，所以不妨參考前一條潛規則多加修練吧！

再次不厭其煩地說，這是我在名古屋交往的女友。
那麼，我來泡茶喔。
個性大方，有如小動物般可愛的女友。
嗶
啊！
哇！
小雞雞！
咦♡
快點拿藥膏來！
就跟你說熱水燙得像小雞雞!!
我喜歡這個部分的名古屋方言♡

潛規則33

知道名古屋捲的真正由來

Nagoya Rules

名古屋捲這個用詞，意指住在名古屋的年輕女性（廣義的說是少女，狹義來說則是有錢人的千金），也就是「名古屋小姐」。

這個用詞第一次出現，是在二〇〇一年女性雜誌《JJ》的封面。當時日本景氣極差，而以幸福婚禮為目標的「名古屋小姐」，穿戴著喜愛的服裝、髮型、妝容而成為女性幸福的象徵！也因此是受注目的焦點。

名古屋小姐的最大特徵就是「捲髮」。

這是指使用多層次營造出輕盈感，呈現大而寬鬆的捲度的髮型。設計出這個髮型的是「南青山BLANCO」美容院的土屋雅之（愛知縣出身）。

乍看之下以為誕生於名古屋所以叫做名古屋捲，但其實是「自然（natural）、奢豪（gorgeous）、膨鬆（yawaraka）」，三個要素的字首正好和名古屋（nagoya）發音相同？

這有點硬拗的感覺……如果現在到「榮」一帶，仍然可以看到許多女性梳著名古屋捲在逛街。從有點過度醒目的「特種」行業風格，到更自然風的髮型，變化相當多，總之就是這個也捲、那個也捲，捲髮的比例極高。

從名古屋捲開始，捲髮風潮開始在各地風行，甚至出現神戶捲、銀座捲……千萬不要搞錯，誤以為是壽司或糕點了。

潛規則34

花錢學習在所不惜

Nagoya Rules

名古屋人熱愛學習。

在其他外縣市都過度熱衷於升學、證照相關的補習班之際，名古屋至今對算盤、習字等傳統文化的學習熱度仍然非常強大。另外，茶道、花道等古典的新娘修業課目也依舊盛行。

除了這些古典技藝，還有人會在課表中加入小提琴、花式溜冰、游泳等藝術及運動項目。雖然在學習才藝方面的費用不容小覷，但在必要的事物上花再多錢也不會皺一下眉頭，正是名古屋本色。不論是對孩子的教育或是對自己的投資都是如此努力實踐之。

誕生伊藤綠、安藤美姬、淺田真央等人的名古屋，對於花式溜冰十分熱衷。讓孩子學習花式溜冰，可以說是一種身分地位的象徵。

因此，當其他縣市的溜冰場因為經營困難而倒閉，只有名古屋有增加的趨勢。

據說花式溜冰的學費一年約需一百萬圓，但如果像安藤美姬或淺田真央般能夠成為奧運選手，說不定算是很便宜的!?

投資的費用要連本帶利回收是正港的名古屋魂！盯著溜冰場的名古屋媽媽，眼神似乎比孩子更加熱情……。

潛規則35

以秀吉、信長、家康的家鄉為傲

Nagoya Rules

喜愛「日本最早」、「日本第一」的名古屋人，私底下最引以為傲的人物，就是以下三人——

・織田信長

・豐臣秀吉

・德川家康

事實上他們全是名古屋人（德川家康是三河出身），更是完成一統天下的大人物。

但是，這三個人都沒有非常顯著的名古屋出身形象。可能是因為他們都沒有以名古屋為都，反而移師他國（其他地區）的關係。

織田信長最後建造的安土城位在滋賀縣。

豐臣秀吉在大阪被暱稱為「太閤先生（TAIKOU SAN）」，並落腳大阪城。

德川家康則將都城移至江戶，建立江戶幕府。

名古屋以外的人，多數不知道這三人出身於名古屋。

對名古屋人來說，這三人是不能不知的三大英傑。

每年十月舉行的「名古屋祭典」中，舉辦了「鄉土英傑行列」，由市民公開招募選出三個人扮演他們，在市內最繁華的街道遊行。

什麼人扮演信長，什麼人扮演家康，在祭典前成為市民關注的焦點。每回祭典都有人潮蜂擁而來觀看遊行（雖然只有當地人很熱衷……）

另外，花車遊行時，與名古屋地緣深厚的藝人也會登場（二〇〇七年是前中日選手坂東英二、名古屋出身的職業花式溜冰選手恩田美榮也有參加）。

這是極具地方特色，或說具百分之一百二十地方色彩的「名古屋祭典」。

除了東海地區以外幾乎不為人知，卻是名古屋人引以為豪的例行活動。

東京現在成為這麼大的都會，
OMOTE SANDO HILLS
大阪現在如此充滿活力，
彥根喵現在這麼受歡迎，
注：彥根喵是滋賀縣彥根城的吉祥物。
全都是名古屋人的
功勞喲

潛規則36

鈴木一朗也是名古屋的榮耀

Nagoya Rules

「要是鈴木一朗也加入中日龍的話……」現在或許還有中日龍球迷會這麼嘀咕著。日本足以向全世界誇耀的棒球選手鈴木一朗，實際上出生於名古屋。

鈴木一郎出生於愛知縣西春日井郡豐山町，是位於名古屋機場的一個町。他就讀愛工大名高中時，雖然曾兩次在甲子園出賽，卻都在第一輪便敗退。後來他加入歐力士後，在美國職棒聯盟表現亮眼，這些成功故事則是眾所周知的了。

說到鈴木一朗，他的父親「一朗爸（鈴木宣之）」也相當有名，他們兩人經常前往的棒球打擊練習場，是位於豐山町的「機場棒球打擊練習場」。當時他們幾乎每天練習，以時速一百二十到一百四十公里的球速練習打擊。

另外，鈴木一朗經常光顧的燒烤店是位於名古屋市北區的「燒肉大平原」。據說前拳擊選手藥師寺也經常到這家店。事實上，名古屋人自豪的知名運動選手，除了鈴木一朗，還有日本初次成為F1賽車手的中嶋悟（雖然他是岡崎市出身）、工藤公康也曾經是愛工大名電高中的王牌。另外也有琴光喜等人才輩出。

前一條潛規則說歷史上一統天下的三位名人，到頭來都在名古屋以外的地區揚名立萬，以致世人對於三位名人出生於名古屋的印象不深，有點令人感傷。就和三位名人一樣，對中日龍的傑出表現，以及對於鈴木一朗的大進擊懷著特別感情的恐怕只有名古屋人。

潛規則37

名古屋大學簡稱名大；
車站簡稱名站；
電視台簡稱名視

Nagoya Rules

在名古屋常可聽見「名～」的詞彙。

當然，這絕非謠傳的名古屋腔「嘛喂(myaamyaa)」的進化版。

在名古屋，習慣上會把冠有「名古屋」的固有名詞，省略成「名～」。

例如名古屋大學簡稱「名大」；名古屋車站簡稱「名站」(附近區域的地址也簡稱名站○丁目)；名古屋城簡稱為「名城」；名古屋鐵道簡稱為「名鐵」。

簡稱成為正式稱呼的有名古屋製酪的「名酪」；名古屋電視台的「名視」。

順帶一提，東海地方以外的人，一聽到「メーダイ(me-dai)」，聯想到的應該都是「明大(明治大學)」；不過，在名古屋一提到這個詞，想到的就是名古屋大學。

其他地區的人可能誤以為名大是普通的地方大學，實際上是地位崇高的舊帝國大學。在東海地方的高中，可是以能夠考上名大的人數來計算升學率。聽到「名大畢業」時，回答：「啊～，橄欖球很強的那所……(那是明大好嗎？)」這種初級班的錯誤要避免。

另外，說到名古屋電視台，也是誕生超人氣動畫「機動戰士鋼彈」系列的電視台，若是能夠掌握這部分的話題，和名古屋人的交談就會很熱絡。

最後要注意一點。名古屋巨蛋的簡稱並不是「名蛋(meedoo)」，而是「名古蛋(nagodo)」，只有這個與眾不同，這是為什麼呢？

潛規則38

說「CD」就是指中日龍

Nagoya Rules

一聽到「CD」，聯想到的是音樂CD或名牌商品的克里斯汀・迪奥，那麼你離真正的名古屋人還很遠。

在名古屋一說到CD，只有一個可能。

那就是當地人引以為傲的球隊——中日龍。

不若全日本的阪神球迷那樣前撲後繼地往道頓堀聚集，中日龍在全國的曝光度相對較低，但中日龍的球迷十分熱情。搭計程車時提到「哪邊贏了」、或是在職場聽到「贏了耶」的話題，省略的主詞都是指中日龍。即使並非球迷，基本上都會關注中日龍的勝敗。

中日龍從二〇〇七年開始採用高潮系列賽[20]（Climax Series，又稱巔峰賽）以後，到二〇一二年為止，六年連續進擊到最後的決勝輪。

另外，谷繁元信選手兼任教練及落合博滿的GM體制，也成為名古屋人的話題（但落合夫人及兒子在當地的風評不佳，而且也有人無法原諒落合過去曾跳槽到巨人的「背叛」行為）。

一到了中日龍球迷集結在名古屋巨蛋的比賽，就可以看到附近居民將自家停車場開放（一千五百～三千日圓左右）的景象。

另外，不能遺漏的是球隊吉祥物「Doala」。

這是以名古屋東山動物園的無尾熊為主題，在女性、兒童間受歡迎的程度幾乎凌駕選手!?

想知道地方色彩濃厚的中日龍，首先應該閱讀中體（中日體育報）。此外，也要觀看「週日中日龍」（CBC電視台）、「中日龍TODAY」（東海電視台）的節目報導。

另外，中日體育報也有外地版的「東京中日體育報」。東京人若要在名古屋洽談生意，務必先瀏覽一下。

名古屋
なごや
島羽阜岐　城安河三
多年以前在名古屋只要中日龍獲勝，新幹線名古屋站的月台上，
就會出現穿著（像是）中日龍啦啦隊服的大嬸。
投球！
鏘！
打擊出去！
全壘打!!
據說可以看到這樣的表演

潛規則39

千萬別對豐田掉以輕心

二〇一二年，豐田企業銷售數量重新榮登世界第一的寶座。

名古屋的豐田不僅擁有名古屋人在意的「日本第一」，甚至坐擁「世界第一」寶座。

不，正確來說並非名古屋，豐田所在位置是豐田市，屬於三河。

不過無論如何，豐田確實是世界第一。

不論關係企業、子公司、車系都難以計數。只要是名古屋人聚集的場合，其中必定有好幾個人是在豐田相關企業服務，又或是客戶是豐田資本的公司、親戚當中有人是豐田體系的幹部等。

用肚臍想也知道，絕對嚴禁有關豐田的負面話題或隨口說出的流言。

在飲酒聚會的場合，即使同桌宴飲的沒有豐田相關的人，但同一家店裡必定有與豐田相關的人員，所以儘可能避免讓與豐田有關的客戶感到不快，在公眾場合還是不要談論豐田負面話題比較好。

本文一開始說到豐田的位置在三河。

因此，在名古屋財經界，即使是豐田也有地位低的時期（劃分名古屋財經界的是「名古屋五攝家[21]」——松坂屋、名古屋鐵道、三菱東京UFJ銀行〈舊東海銀行〉、中部電力、東邦瓦斯。另外，有時也將東海銀行、中日新聞及名鐵稱為「御三家[22]」）。

然而，現在的情況則是，若在豐田被討厭的話，「無法在愛知縣活下去」。
這麼一說，萬一豐田倒了，日本不就很危險？

我是從東京搬來名古屋的本田華子。
我就直說了。我在東京超受歡迎♥來到名古屋也以迷倒百位男性為目標喲。
啾♥
咦？
本田雖然是美女，還是敵不過豐田呀。
抱歉，雖然非常開心，不過，
我喜歡的是豐田……
什麼嘛！大家開口閉口都是豐田！！就算她或許有些可愛吧，畢竟很普通，普通！！
絕對、絕對有其他原因
豐田……真是可怕的對手！
豐田

潛規則40

就業最佳選擇就是當地優良企業！

Nagoya Rules

和其他地方都市相較之下，名古屋人遷居到外地的比例偏低。其中的一個原因是就業選擇極多。

以名古屋大學（大學部、研究所）二〇〇六年畢業生的就業狀況來說，第一名是豐田汽車，第二名是電綜[23]，第三名則是名古屋市的名古屋大學，在當地的就業率高得驚人！除了公務員，人才幾乎全被豐田系列吸收了。其他則集中於製造業為主的優良企業，如可果美、INAX、Menicon、Shachihata（公司成立時的商標，旗子正中畫著名古屋的象徵「鯱（Shachi）」！）、日本特殊陶業株式會社（NGK）、Noritake、林內公司等規模超大的公司，他們的總公司都在名古屋。

製造品出口額（愛知縣）為三十九兆五千一百四十億日圓（二〇〇五年），穩佔日本第一。從業人員高達八十一萬六千七百五十五人，佔了全日本百分之十（同年），是堂堂第一名！

名古屋的企業＝絕佳狀態！它的背景來自以無借款經營為基礎的「名古流經營」。除了泡沫經濟的後遺症較少，也能穩定成長。姑且不論是否給人老土的印象，對於支持日本經濟有功這一點無庸置疑。

「多虧名古屋，東京及大阪才能活得下去！」謙虛恭謹的名古屋人或許不會把這句話說出口，但他們絕對有這樣的自信。請向名古屋行個最敬禮——其他外縣市的人應該至少要懷著這樣感謝的心。

潛規則41

朋友的朋友還是朋友

Nagoya Rules

「演藝圈的〇〇（當地出身的藝人或播報員）是我朋友的好朋友。」

「中日龍的〇〇，經常到朋友打工的店消費。」

向名古屋人談起當地名人的話題時，有很高的機率會聽到這樣的反應。

他們很容易主張自己經由某個管道和名人有聯結。難道名古屋的名人和一般人的距離這麼近嗎？其實不僅限於這個因素。

就如之前說的，名古屋人遷居到其他的地區的比例很低。**因此無論如何都會拉高名古屋人的「相識機率」**。

「〇〇相親了」、「〇〇的小孩考上〇〇學校了」這類一般市民的活動（傳言）在日常生活出現頻率之高自不在話下，「我大哥他太太的朋友的妹妹，最近開了一家店，一起去吧」連這類隔了十萬八千里也沾親帶故的消息照樣時有耳聞。或是「〇〇上報（＝限定中日新聞）了」這類**小有名氣的人出現的頻率也很高**。

如果是像東京這些地方，通常傾向迴避涉及個人隱私的人際關係，名古屋則剛好相反。

商場上也重視地緣、血緣，**交換生活周遭的訊息及人際關係是在社會上生存的利器**。

「我介紹公司客戶的〇〇，你撥個空跟他碰個面吧！」之類的介紹，現在仍然盛行……。

在名古屋，不斷繁衍朋友的朋友的朋友的關係才是正確做法。當然，鄰居大嬸的街談巷議也要注意傾聽才好。

Nagoya Rules

交通篇

購物篇

食物篇

街道篇

詞彙．人際關係篇

番外篇

潛規則42

說到報紙，唯有中日新聞

「以前除了中日新聞，沒聽過其他報紙。」

「我一直以為日本最有名的報紙就是中日新聞。」

——這些是到了外縣市的名古屋人會說出口的台詞。

當全國都邁向東京化之際，在名古屋訂閱在地及中日新聞以外報紙的人仍是極少數，雖然不尋常但卻是有其事。

根據中日新聞的數據，光看東海地區，大約有六成家庭訂購中日新聞的寡佔狀態。包括東京新聞及北陸中日新聞在內，中日集團的總發行量超過三百五十萬份（二〇〇六年）！勝過日本經濟新聞及產經新聞，可與發行全日本的報紙匹敵。

而這份刊物的內容，主要是報導當地及中日龍的消息。

地方版的內容極為充實，光是名古屋市民版就區分為西版、北版、南版。

因此，報紙上也會刊登「某個熟人發生了某件事」之類好像發生在周遭的八卦消息。另外，就算中日龍輸了也要刊登偏心的報導，已是不成文規定。和中日體育報一起閱讀才是正統名古屋人的作風。

此外還有《名古屋TIMES》（簡稱「名tai」）的晚報。這是由中日新聞社系列的社團法人發行，就像東京的晚報《富士晚報》或《現代日報》般，刊載地方小道消息、中日龍的報導，甚至也刊登特種行業的消息，是搭電車通勤的上班族最愛。

「上報了耶！」

如果有人說這句話，基本上指的都是《中日新聞》。

不只為了在辦公室或鄰居的交談能夠更熱絡，希望生意談得更順利，也必讀《中日新聞》。

什麼？公司沒有中日新聞嗎？
而且這是什麼？朝日新聞？
蛤？是全國發行的報紙欸，
這話說回來，中日新聞不是地方報紙嗎？
我才是看都沒看過中日新聞。
什麼？中日新聞才是日本最有名的報紙吧？
你看名字就知道了吧？
咦？
日本的中心的新聞呀！
不，不是吧？

※其實是源於「中部日本」。

潛規則43

做生意就是殺價到底！

Nagoya Rules

有別於大阪人除了百貨公司以外殺價是必然的，名古屋人日常購物時幾乎完全不殺價。不過，業界的交易則另當別論。

據說「名古屋人要殺三次價」。首先是估價階段的殺價，接著是結算請款階段殺價，最後則是在付款時殺價！

過去三階段的殺價並不是那麼普遍，不過依據不同行業，「估價、私下答應、正式下訂單」三階段殺價也時有所聞。

「九千八百圓，不是出現零頭了嗎？能不能通融一下呢？」通常從這種地方開始，等到正式下訂單時又再情商一次。

當然，被殺價的一方也早就料到會被殺價而在估價時抬高價格，這已成為慣例了。

造成這種情況的背景，是名古屋人對於有價值的物品，具有希望能更便宜而講求「划算」的精神，但前提是要先確認有價值。

因此，名牌商品或雜誌介紹的物品會受名古屋人喜愛，但對新提案、新商品則不明瞭它的價值，所以不管什麼都嫌貴。

另外，地緣關係在商場上也盡佔優勢，容易因為「友誼價」而調降成交價。

不過，反過來說，沒有地緣關係就很難進入交涉。外人當然會覺得「很難做生意」。

但是當關係穩定後，發生琵琶別抱的機會就很低。不論是名牌或人際關係，信賴（＝安氣精神）比什麼都重要。

容易被人批評有排他性的名古屋商場，若是能夠像上述說明般利用「順藤摸瓜效應」，讓客戶一個帶一個接踵而來，就是絕佳的生意機會。殺價也可以當做交往的一種情趣。

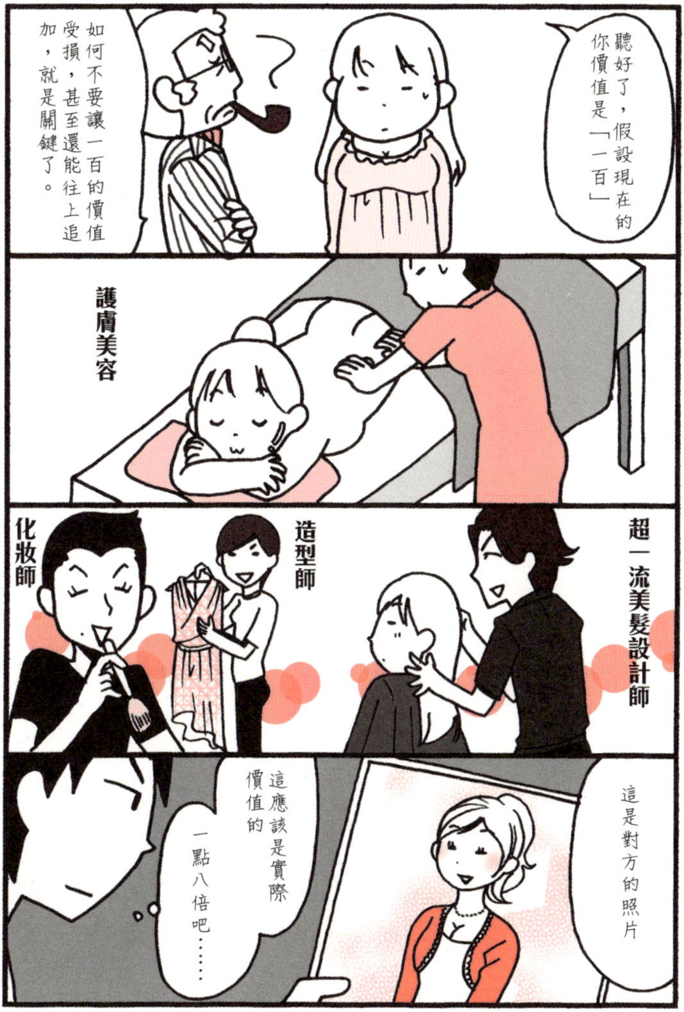
聽好了，假設現在的你價值是「一百」
如何不要讓一百的價值受損，甚至還能往上追加，就是關鍵了。
護膚美容
超一流美髮設計師
造型師
化妝師
這是對方的照片
這應該是實際價值的
一點八倍吧……

潛規則44

對吉本藝人的新生代瞭如指掌

Nagoya Rules

星期六中午從學校回家後看「吉本新喜劇」，收看深夜播出「偵探! Knight Scoop」，是名古屋人童年的共通經驗。雖然兩個節目都是大阪代表的搞笑電視節目，但吉本藝人在名古屋的知名度不輸大阪。

起用吉本藝人而製作的節目也相當多，例如深夜時段卻廣受歡迎的「**信長**」（CBC電視。之前星期六深夜十二點五十八分播出），由今田耕司、東野幸治主持，邀請固定節目來賓「雨後敢死隊」等堅強陣容；Penalty瓦基（脇田寧人）負責外景採訪的「**地名接龍**」（和在街上遇到的人玩地名接龍，然後往對方說出的場所移動。走遍愛知、三重、岐阜，於二〇〇四年十月結束），則是持續三年十個月的知名單元。

也出現了年輕一輩的吉本藝人小泉繪梨主持的「**美食接力**」（在街上問行人前一天吃什麼，然後在同一地點吃同樣的料理，能夠吃完味噌豬排等三～五道名古屋料理就過關）。

另外，今田耕司、東野幸治及雨後敢死隊，都是年輕時就登上CBC。**會去關注非全國性年輕吉本藝人的也是名古屋電視圈的特徵**。

也有名古屋人私底下比大阪人更狂熱蒐集吉本的消息，「**名古屋＝搞笑藝人先進國**」（但是，為什麼名古屋出身的搞笑藝人這麼少……）真是令人出乎意料。

潛規則45

也很清楚關東地區的搞笑藝人

不光是吉本藝人，關東的搞笑藝人也頻繁地在名古屋電視台出現，是名古屋電視圈的特殊現象。例如，搞笑雙人搭檔「夏天二人組」在名古屋街上錄製游擊式採訪外景節目「游擊現場（gerirappa）」（名古屋電視台，二〇〇八年停播），和宇藤鈴木以來自觀眾的訊息為根據而展開旅行的「宇藤之旅」（名古屋電視台，星期六九點半～十點播放）。

還有高田純次和上沼惠美子主持，少數能牽制關東關西的情報節目「千萬風情[24]」，後來主持陣容則是高田純次、柴田理惠、加藤晴彥（純粹的名古屋人，刻意使用名古屋腔），節目名稱改為「PS」（中京電視台，星期日晚上十點半～十一點二十四分）。

這該說是集東西精粹於一身呢？還是天下割據戰的決勝戰場呢？和不容易接受吉本誇張搞笑風格的東京不同，也和批判東京搞笑拐彎抹角的大阪有異，名古屋融合東西風格而加以接納。

當地的搞笑藝人之所以較低調，可能是因為容易從東京或大阪請來藝人表演吧？不過，從歷史探究的話，類似對口相聲的日本「漫才」，前身是室町時代以來保有傳統藝能的「尾張萬歲」。據說學習尾張萬歲，大阪出身的藝人玉子屋圓辰，在大阪以「名古屋萬歲」的名稱走紅……結果到頭來又是帶到外縣市發揚光大嗎？

繼名古屋美食風潮之後，難道繼續在名古屋掀起的會是搞笑風潮嗎？

潛規則46

一天到晚哼著坪井令夫的歌

Nagoya Rules

名古屋藝人極為低調，但是，內行的人仍會知道傳說的創作歌手&廣播節目主持人坪井令夫，是愛知縣一宮市出身。過去也曾在東京發展，主持「All Night-NIPPON」。後來因為健康因素不佳而回到名古屋發展，還在CBC廣播主持「坪井令夫的越聽越好聽」（星期一～五，早上九點到十一點四十分播出），在當地受到熱烈支持。

節目特色是幾乎所有話題都來自聽眾投稿；雖然應該是健康正向的晨間節目，但一天到晚開黃腔也是坪井令夫的特色。

事實上，坪井令夫的另一個綽號是「禁歌歌手」。他的代表名作（迷作）「金太的大冒險」銷售二十天後便禁止播放。不過，歌詞的雙關語及巧妙的性影射成為話題，在許多節目播出，歌迷也不在少數。

另外，被名古屋出身的作家清水義範稱為「名古屋國歌」的「名古屋超好的！好久不見」（好久不見＝yattokame，名古屋方言。語源是「八十日目」），也是坪井令夫的代表作。一九八五年推出的這首曲子，一開始的歌詞是「東京啊，算了，我待不下去了[25]」就某個意義來說是帶點自虐（？）的名古屋加油歌。

名古屋代表藝人、才華獨樹一格的坪井令夫歌曲，是想了解名古屋人雙面性靈魂必聽的曲子。

潛規則47

說起名古屋的「代表」就是宮地佑紀生！

Nagoya Rules

只要是名古屋人，任何人都聽過這個人的名字。

那就是宮地佑紀生。

出生於名古屋市中區大須，土生土長純正的名古屋人。他主持晨間節目「如何呢？」（名古屋電視台，二〇一一年開始原本以平假名表現的節目改為片假名，並替換主持人）而活躍多年。一九九七年開始主持的「問問宮地佑紀生」（東海廣播，星期一～星期五下午一點～四點）在中京地區同時段持續穩居收聽率第一名寶座。

他代言壽賀喜屋的廣告廣為人知，原本經營飾品店「參百六拾六日的店」，負債一億日圓，後來專注於藝人工作，成為名古屋栽培藝人的重要存在。

另外，在靜岡放送大展身手的鐵崎幹人是「名古屋唯一的戶外自然派藝人」（根據他本人的網站）。福田知鶴過去也是CBC廣播及名古屋電視等中部圈地方節目的常客。

其他名古屋出身的名人，還包括香里奈、一路真輝、瀨戶淺香（瀨戶市）、館廣、川島直美等。另外，祖先是名古屋交趾雞之父的前總理大臣海部俊樹，也是名古屋出身。是的，名古屋不僅是誕生三大英傑（潛規則三十五）的地方，也聚集了許多大人物，果然不能小看。

潛規則48

終身名古屋人生

Nagoya Rules

「沒有必要離開名古屋。」這是名古屋當地人常掛在嘴上的一句話。變化形就是「沒有必要到東京」。

百貨公司很齊全，購物一點也沒有困擾。交通工具也相當便利，開車要去哪裡都沒問題。而且就如前面提到的，不管上大學或就業都沒問題，一般人可能不太清楚，就連美術館等藝術相關機構也很多。

待在老家的話，薪水就完全是個人的零用錢，而且物價不高；假若結婚後想在東京都會區蓋一棟獨門獨院的房子比登天還難，在名古屋卻不是那麼高難度的一件事。更何況，由父母代為購屋，或是父母和兒女建屋共同居住的情況也很多。

「沒有比名古屋更適合居住的地方了」——這也是名古屋人動不動就會說的話。店鋪及休閒的選項雖然比不上東京那麼多，但相對的，因為人沒有東京那麼多，所以也不會太擁擠。如果用一句話表現名古屋人的在地生活，大概是「差不多就好」。也就是「知足常樂」。

事實上，就算到了外縣市發展，重新返回故鄉就職的比率也很高。像這樣，不是終身雇用，而是終身在名古屋過一生的名古屋人相當多。

「為什麼不到東京呢?」這樣的問題在名古屋只是一個再愚蠢不過的問題。

潛規則49

名古屋潛規則等於日本潛規則

Nagoya Rules

從外縣市的人眼中來看，名古屋是個「不可思議的場所」。

一方面持有慎重的態度，一方面又有追求新潮流行的精神；個性踏實卻愛擺闊；雖然是都會，卻又莫名地帶點土裡土氣；雖然是日本生產性最高的地方，卻並不突出自己；有稍微封閉的一面，但深交後卻又充滿人情味；在金錢方面追求理性，但人際關係親密……等等，不一而足。

究竟哪邊才是真實的性格？

總覺得令人十分費解。

日本過去被西方人說是「神祕的東方國度」。說起來，在過去的世界，日本的地位正等同名古屋。

神祕的NAGOYA——。

就某種意義而言，具有幾乎無節操地接收外來新事物的彈性，卻又不失去核心。日本發展出的「容易了解的形式」就在這裡。不像大阪擺架子不理會周遭的喧嚷，而是以自己的步調建立「獨立國家」的名古屋，或許現在正是日本回歸原點＝名古屋的時刻？

是的，名古屋規則正是日本的規則。

若日本人開始重新審自己……或許會發現其中正有著名古屋性格。

附錄「名古屋、日本首次&日本第一物語」

就像內文不時提到的，名古屋的日本首次或日本第一的事物特別多。因為和名古屋人交談時也會成為重要關鍵字，以下就介紹內文沒提到的事項。

- 小鋼珠發祥地（現在的小鋼珠前身「正村機台」是在名古屋發明的）。
- 超市澡堂發祥地（一九九〇年左右）。
- 漫畫咖啡店的發祥地，數量也是日本第一。
- 日本第一大模特兒人偶「娜娜」就在名古屋車站（高度超過六公尺，配合季節換穿泳裝或中日龍制服等，是著名的集合地點）。
- 誕生日本最早的民間電視台（CBC）。
- 磁浮列車在日本首次開通。
- 在鳴海球場舉辦日本最早的職棒比賽「巨人VS名古屋金鯱軍」。

接下來有點勉為其難……

・中部國際機場（日本首次有正式暱稱「新特麗亞／Centrair」的機場。嗯～……）

・名古屋巴而可（巴而可所有店舖中賣場面積最大！嗯嗯～……）

最後是——

・東山動物園的小熊雲霄飛車……（「日本首次上市」的招牌……）

註釋

1 原文為「名古屋走り」(nagoya-hasiri)。

2 松坂屋(Matsuzakaya)、三越(Mitsukoshi)、名鐵百貨店(MEITETSU)、丸榮(Maruei)

3 編註：日本諺語，原文為「石橋たたいて渡るどころか、渡らないどころか」。因為石橋的材質已經是最堅固的，連石橋都要敲敲看堅不堅固，代表行事非常慎重。

4 編註：原文為「モッタイナイ」，是日文「可惜、浪費」的發音。環保人士旺加里・馬塔伊(Wangari Muta Maathai)將這句日文當成守護環境的世界共通語並加以提倡。「MOTTAINAI」活動的理念，不只是傳統的環保3R——Reduce(垃圾減量)、Reuse(再利用)、Recycle(資源回收)，對於無可取代的地球資源而言，還要心存Respect(尊敬)，因此形成3R+Respect = MOTTAINAI。

5 原文為「つけてみそかけてみそ(tsukete-miso-kakete-miso)」

6 義大利文，彈牙之意。

7 一張咖啡券可以享用一杯咖啡。但以十杯的價格可以買到十一杯的超值券。

8 以寺廟、神社等宗教建築為核心而形成的市街。

9 當舖的日文是「質屋／shichiya」。「質」的發音(shichi)與「七」相同。因此當舖招牌標示為「hichiya」。

10 原文為とろくさい。

11 「おみゃあ／omyaa」= お前。

12 「行こみゃあ／ikomyaa」= いこうよ。

13 原文為「机をつって」。

14 原文為「お金こわして」。

15 原文為「お風呂がちんちんだが」。

16 原文為「あんた、えらそうだが」。

17 原文為「まっとマットまってこい = マットをもっと持ってこい」。故意把「mo」說成「ma」的玩笑話。

18 原文為「○○さん、みえますか?」

19 原文為「あら、みえたの?」
20 Climax Series，也稱為顛峰賽。是日本職棒聯盟導入的季後賽制度，分為第一輪與決勝輪兩個賽程，一般使用「CS」作為簡稱。在兩聯盟高潮系列賽獲勝的球隊，則取得日本大賽的參賽資格。
21 原指日本鎌倉時代出自藤原氏嫡派的五個家族，是公家中最高的家格。
22 「御三家」一詞源自江戸幕府時代，現在常用來做為統稱用語，用於統稱一個領域中最著名的三者。
23 DENSO。豐田集團旗下的子公司。、日本最大的汽車零件供應商。
24 國興電視在台灣播出時的譯名。日文原名為「P.S.愛している」。
25 原文為「東京は～、まあーあかん」

參考文獻

《ここまでやるか名古屋人》名古屋に学ぶ研究会(二見書房)
《蕎麦ときしめん》清水義範(講談社)
《笑説　大名古屋辞典》清水義範(学習研究者)
《名古屋学》岩中祥史(新潮社)
《ナゴヤ全書》「この国のみそ」取材班編著(中日新聞社)
《名古屋嬢ライフ》世木みやび(光文社)
《なごやめし》なごやめし研究会編(双葉社)
《名古屋式》雷門獅篭(マガジンハウス)
《名古屋いい店うみゃ～店》文藝春秋(文藝春秋)
《なるほど!元気な名古屋企業100社》岩田憲明(ソフトバンクウリエイティブ)
《ビバ☆いなかもん!》永浜敬子(講談社)

*其他請參考各公司、自治體的官網。此外，本書並經過許多愛知縣、古屋市出身及居民的寶貴意見與想法所完成，非常感謝各方協助。

國家圖書館出版品預行編目(CIP)資料

別傻了這才是名古屋：雞翅．赤味噌．戰國三傑……
49個不為人知的潛規則 / 都會生活研究專案著；卓惠娟譯
── 初版．── 新北市：遠足文化，2016.05 ──
（浮世繪；12）譯自：名古屋ルール
ISBN 978-986-92775-2-5（平裝）

1. 生活問題 2. 生活方式 3. 日本名古屋

542.5931　　105001204

浮世絵12 ── 名古屋

別傻了 這才是名古屋

雞翅．赤味噌．戰國三傑……
49個不為人知的潛規則

作者　都會生活研究專案
譯者　卓惠娟
總編輯　郭昕詠
責任編輯　賴虹伶
編輯　王凱林、徐昉驊、陳柔君、黃淑真、李宜珊
通路行銷　何冠龍
封面設計　霧室
排版　健呈電腦排版股份有限公司

社長　郭重興
發行人兼
出版總監　曾大福
出版者　遠足文化事業股份有限公司
地址　231新北市新店區民權路108-2號9樓
電話　(02)2218-1417
傳真　(02)2218-1142
電郵　service@bookrep.com.tw
郵撥帳號　19504465
客服專線　0800-221-029
部落格　http://777walkers.blogspot.com/
網址　http://www.bookrep.com.tw
法律顧問　華洋法律事務所　蘇文生律師
印製　成陽印刷股份有限公司
電話　(02)2265-1491

初版一刷　西元2016年5月
Printed in Taiwan